14
Lk. 149.

*ABREGE' DES DELIBERATIONS FAITES AVX
Eſtats tenus en la Ville de Brignolle le mois de Decembre mil ſix cens
trente-deux, par authorité du Roy, & mandement de Monſeigneur
le Marquis de Vitry premier Mareſchal de France, Lieutenant pour
le Roy au Gouuernement de Brie, & Gouuerneur & Lieutenant
general pour ſa Majeſté en Prouence.*

PREMIEREMENT, les Eſtats ont confirmé tous leurs Officiers iuſques à autres Eſtats, aux gages accouſtumez.

Du 4. dudit mois de releuée.

Mondit Seigneur le Gouuerneur auroit encor pris la peine de ſe rendre auſdits Eſtats, auec Meſſieurs de Leon, & de la Poterie, Conſeillers d'Eſtat, & Commiſſaires deleguez, & apres auoir proteſté, que ſa Majeſté, qui n'a qu'amour & bien-vueillance pour ſes ſujets, s'eſtoit laiſſé flechir aux miſeres de la Prouince, & en conſideration d'icelles retranché de beaucoup la demande qu'il auoit faite, par ſes Lettres patentes, auroit exhorté tous les Ordres qui compoſent leſdits Eſtats à continuer cette parfaite obeïſſance, qu'ils ont de touſiours fait paroiſtre au Roy, & teſmoigner par leur franchiſe & promptitude que leur afection eſt au delà de leur foibleſſe, qui ſera touſiours fauorablement conſiderée par ſa Majeſté, qui ne veut que de gracieuſes & poſſibles redeuances de ſes ſujets, & pour cet effet

A

auroit recommandé auant toute œuure de prendre de resolutions au contentement d'vn si bon Roy, qu'autrement il n'oseroit plus ouurir la bouche pour procurer nostre soulagemét.

Mondit Sieur de Leon a encor' remonstré pardessus ce qu'il auoit deduit ce matin, que sa Majesté portée au bien & soulagement de ses sujets, s'estant laissée toucher aux desolations & souffrances de cette Prouince, auoit retranché la demande & octroy de trois millions de liures, porté par ses letres patentes à dixhuit cens mille liures payables dans trois ans, à raison de six cens mille liures par an, que cette somme estoit fort peu considerable, eu esgard aux necessitez qui luy viennent du dedans & dehors du Royaume, & à ce que les autres Prouinces luy ont volontairement acordé, que cette Prouince deuoit conseruer cette glorieuse qualité de nourrir de tres-bons & fideles sujets, & mesmes à l'endroit d'vn Roy qui ne vit que pour son peuple, qui luy a par ses labeurs incroyables acquis vne paix sans orage, & partant que ces signalés bien-faits, cette amour incomparable meritoient bien que sans autre consideration les Estats acordassent, & cet octroy de dixhuict cens mille liures, & l'augmẽt du taillon, qui ne doit pas estre à son aduis vne trop grande surcharge à la Prouince, pour le soulagement de laquelle il employera fort volontiers la creance, que ses longs seruices luy ont aquis aupres du Roy, & luy fera cognoistre qu'elle a des habitans, qui ne voudroient ceder à personne en affection, en obeissance, à tout ce qui peut aregarder son seruice.

Dequoy mondit Seigneur & Messieurs les Commissaires auroient esté tres-humblement remerciez de la part desdits Estats par mondit Sieur l'Archeuesque, presidant en iceux, & par ledit Sieur Viany Assesseur, qui auroient protesté que tout le desir, les pensées, & les volontez de cette celebre Assemblée n'ayans autre objet que le seruice & l'obeïssance qu'elle doit au Roy se feroit de violences incroyables pour meriter sa clemence & son amour si sensible aux afflictions de son pauure peuple, apres lequel remerciement mondit Seigneur & Messieurs les Commissaires estans sortis, ils auroient esté conduits hors la porte par lesdits Sieurs des trois Ordres qui se seroient remis en leurs seances pour commencer à parler de leurs affaires.

Du 6. dudit mois.

Le Sieur Viany Assesseur apres la lecture de nouueau faite desdites Lettres patentes tant de l'octroy que du taillon par Me. Paul Meyronnet Greffier auroit representé que tout autant que la lecture desdites Lettres porta Samedy matin de l'estonnement aux Estats sur ces mots qui expriment la demande de trois millions de liures la reduction à dix-huit cens mille liures fait de releuée nous faisoit esperer de satisfaction dans la creance que nous pouuions prendre que cette diminution souffriroit encor l'effort de nos prieres & seroit portée à beaucoup moins en faisant connoistre nos impuissances, mais certainement l'explication & dechifrement de cette reduction nous a bien appris que les afflictions nous durent & reuiennent tousiours plus cuisantes, & qu'au contraire les joyes sont tousjours si courtes qu'à peine les pouuons-nous sentir encor auec si peu de pureté & tant de mélanges fascheux quelles semblent n'estre que de ces interualles qui sont d'vn accez de fiévre à l'autre, & qui tiennent moins de la santé que du mal.

Car ayant Messieurs les Commissaires esté suppliez par Messieurs ses Collegues & par luy, d'expliquer quelques doutes qui leur auoient esté formez sur le fait de l'octroy & retranchement d'iceluy ledit Sieur de Leon leur auroit dit que son intention n'auoit pas esté d'enclorre aux dix-huit cens mille liures proposées les quinze cens mille du Traitté fait auec Monseigneur le Prince aux Estats tenus à Tharascon du mois de Mars 1631. que lesdites dix-huit cens mille liures n'auoient rien de commun, que c'estoit vn nouueau octroy que sa Majesté demandoit : à quoy il auroit reparty que l'impuissance de la Prouince qui estoit au dernier poinct seroit le seul obstacle des octroys & gratifications demandées, que son affection & sa bonne volonté auoit si bien pris ses accroissemens, qu'elle se pouuoit dire parfaite à l'endroit du plus grand & du meilleur Roy du monde.

Que le Traitté de Tharascon ne portoit point d'obligation que dans l'execution reciproque d'iceluy, toutesfois qu'il auroit l'honneur de porter ces paroles à l'Assemblée qui ne manqueroit iamais d'obeïssance à toutes les loix & Ordres de sa Majesté, si bien qu'il semble n'estre plus question que de penser à discuter nos forces & recourir à bonne heure apres les prieres & supplications que nous rapporterons du Ciel iusques à la main du Roy la faueur & intercession de Monseigneur le Gouuerneur qui nous a jusques aujourd'huy puissamment assisté, & auec vne affection que nous n'auons encor sceu meriter que par vne extreme affection, que nous auons de le seruir, & cependant prendre courage & sortir de l'estonnement que les choses inanimées firent si bien connoistre à la premiere lecture de ses lettres, suppleant à l'office & ministere de nos langues, que la deference & le respet que nous deuons aux volontez du Roy tenoit liees & attachees : & ce faisant produire des resolutions qui puissent establir cette verité, que ce sont nos miseres, nos souffrances, nos foiblesses qui retiennent les offres dont nostre zele feroit gloire, & que nous voudrions auoir tout le sang & la force qu'il nous faudroit pour fournir à beaucoup plus que le Roy ne veut de nous, il est vray que comme de si fortes resolutions ne peuuent pas estre digerees d'abord, & qu'il importe de sçauoir plus amplement l'intention de sa Majesté il seroit fort à propos d'en parler à vne autre seance, & deputer de chaque Ordre pour en estre esclaircis.

Surquoy les Estats ont deliberé que mondit Seigneur le Gouuerneur, & Messieurs les Commissaires seront tres-humblement supliez par Messieurs leurs deputez de declarer au vray l'intention & la volonté du Roy.

Du 7. dudit mois.

Monsieur l'Archeuesque d'Aix Presidant aux Estats a representé, qu'ayant à nuict esté rendre compte au sortir de l'assemblée (assisté de Messieurs les Prelats, & acompagné de Messieurs les Procureurs du Pays) à Monseigneur le Gouuerneur de ce qui s'estoit proposé, il receut les tesmoignages de sa bonne volonté au nom de la Prouince: car apres auoir conferé en particulier auec Messieurs les Commissaires, il declara, que de cette somme de dixhuict cens mille liures demandees par forme d'octroy, le Roy en retranchoit six cens mille liures; surquoy il n'y eust pas manque de discours, & de reparties, tant de sa part que de Monsieur l'Assesseur, qui s'en acquita auec autant de courage que de raison, comme les Estats aprendront plus particulierement de sa bouche.

Ledit Sieur Viany Assesseur a representé, qu'ayant Messieurs ses Collegues & luy eu l'honneur, auec bon nombre de Messieurs les deputez des Communautez, Monsieur l'Archeuesque d'Aix, & Messieurs les Prelats, il auroit tres-humblement supliez mondit Seigneur & Messieurs les Commissaires de receuoir la protestation qu'il faisoit au nom de toute la Prouince, que les obligations que nous auons au Roy pour tant de bienfaits & de graces, sont si grandes, que n'auons rien à luy refuser, ny à luy presenter non plus, qui soit tant soit peu digne de luy, si les vœux; & les prieres que nous faisons à Dieu pour sa conseruation, sont indignes d'estre considerées, & que ce n'est point à dessein de faire des conuentions auec sa Majesté, ny nous preualoir de celles qui ont esté faites, que nous parlerons du traicté de Tharascon: car nous recognoissons tres-bien, que comme ses tres-humbles sujets nous n'auons à nous fortifier que de nos prieres nullement dictees par la coustume des peuples; ains eschauffées par des afflictions, qui n'ont rien d'afecté, & auec cette protestation, il auroit dit, en ce qui estoit de l'augment du taillon, que par les Articles & traicté fait à Tharascon, moyennant les quinze cens mille liures promises par vn effort extraordinaire.

Monseigneur le Prince auoit accordé entre autres choses la reuocation des lettres Patentes portant augmentation du taillon à cent mille liures, & de toutes autres surcharges & nouueautez contraires aux formes, vz, coustumes, libertez, & priuileges de la Prouince : tellement que la reuocation dudit augment de taillon ayant esté disertement accordée sans aucune relation aux accords faicts auec Monsieur de Bulion, soit pour estre l'accordé pur & simple, separé par sa virgule, soit pour estre le mot, *attendu*, suiuy de ce mot, *mesmes*, qui forme vne disjonctiue, & ne faict qu'amplier les considerations qui pouuoient estre faites sur lesdits accords, il y auoit esperance que sa Majesté ne voudroit reuoquer ce qu'vn si grand Prince a accordé à son nom.

Quant aux quinze cens mille liures dudit traicté de Tharascon, elles seroient deuës s'il plaisoit à sa Majesté regarder cette Prouince d'vn œil fauorable, & confirmer en tout ledit Traicté : mais si sa volonté estoit portée à quelque augment du taillon, qui faisoit partie de cette somme de quinze cens mille liures, Messieurs les Commissaires deuoient de grace considerer que les conuentions reciproques sont obligatoires, qu'elles ne pouuoient estre executées que dans vne parfaicte consumation du contenu en icelles, que le Roy dont la parole estoit inuiolable, ayant commandé à ses tres-humbles Sujets de faire & dresser des acords, & faire de conditions à leurs offres, les offres ne pouuoient estre acceptées qu'auec leurs conditions.

Quant aux douze cens mille liures demandées par forme d'octroy, il auroit auoüé que si les forces de la Prouince estoiét à l'esgal de ses desirs, elle ne reculeroit pas à les accorder : mais ayant elle, esté persecutée de ces trois espouuantables fleaux, la famine, la guerre, & la peste, qui ont epuisé tout ce qui luy restoit de sang, le Roy estoit tres-humblement supplié de receuoir cette bonne volonté supplantée par tant de miseres & desolations, & se contenter des offres qu'elle feroit ingenument s'il plaisoit à mondit Seigneur & Messieurs les Commissaires de remettre les esprits de l'Assemblée qui sont dans l'estonnement, en diminuant des sommes demandées. A quoy s'estant mondit Seigneur & lesdits Sieurs Commissaires laissé persuader, auroient apres auoir conferé en particulier, declaré que le Roy nous retranchoit de cette somme de dix-huict cens mille liures d'octroy, la somme de six cens mille liures, comme il a esté representé par Monsieur le President. Et d'autant que cette somme n'est nullement proportionnée aux forces de la Prouince, affoiblie par tous ces fleaux, par la nourriture & payement de tant de gens guerre qui n'ont rien laissé aux pauures Communautez que le sentiment & la memoire de leurs rauages & violances, il semble à propos de redoubler les supplications à mondit Seigneur le Gouuerneur & à Messieurs les Commissaires, pour obtenir d'eux la declaration des retranchements & diminutions que la grande bonté du Roy nous a faict esperer.

Surquoy les Estats ont vnanimement deliberé que mondit Seigneur le Gouuerneur & Messieurs les Commissaires seront suppliez de se porter à vne beaucoup plus grande diminution, à ce qu'ils puissent se porter à des offres conformes à leur affection, & proportionnées aux forces de la Prouince.

Dudit jour de releuée.

Ledit Sieur Assesseur auroit representé que le Fermier de la Foraine ayant procuré par surprise vn augment, surtaux, & reapreciation sur les bleds, vins, fruicts, denrées, & marchandises qui sortent de la Prouince, & au moyen de ce exigé de chasque charge de bled trente-deux sols, & de chasque charge de vin quatorze, quoy que l'ancien taux du bled ne fust que dix-huict, & du vin six, & ainsi du reste. Messieurs les Procureurs du Pays auroient donné requeste à la Cour des Comptes, & sur icelle obtenu Arrest, portant que ledit Fermier representeroit son bail, & cependant qu'inhibitions & deffences luy seroient faites de continuer cette surexaction. Et d'autant que cet affaire est d'vne tres-grande consequence, qu'il frappe coup aux libertez de la Prouince qui n'aura pas moyen de fournir aux grandes charges si les estrangers apprehendans ces augments sur la foraine sont dégoustez & éloignez de nos ports & havres, il sembleroit absolument necessaire d'en faire article particulier au Roy, au Traitté qu'auec l'aide de Dieu se consumera.

Surquoy

Surquoy les Estats ont vnanimement deliberé que la reuocation dudit augment & reapreciation sera l'vn des principaux articles du Traitté, que le Roy sera tres-humblement supplié d'accorder.

Monsieur l'Archeuesque d'Aix presidant aux Estats a representé qu'ayant luy suiuant la coustume esté rendre compte à Monseigneur le Gouuerneur de ce qui s'estoit proposé assisté de Messieurs les Prelats & accompagné de Messieurs les Procureurs du Pays, il auroit fait la supplication portée par la deliberation du matin & conjuré mondit Seigneur & Messieurs les Commissaires de faire vne declaration qui puisse guerir les esprits de l'assemblée de l'estonnement auquel vne demande si peu attenduë les a portez, à quoy il luy auroit esté reparty que sa Majesté auoit reduit le taillon à soixante-dix mille liures par an, l'ancien compris, & au surplus que les Estats deuoient faire des offres, si bien qu'estant necessaire de resoudre à quoy nos offres & articles doiuent estre portez & conditionnés, il s'en seroit remis à Monsieur l'Assesseur.

Ledit Sieur Assesseur a dit, que son genie n'est pas assez fort pour luy dicter des moyens & des expediens, qui puissent terminer nos afflictiós, toutefois puis que la necessité de sa charge, & le desir qu'il a de contribuer le talent que Dieu luy a donné au seruice du Roy & soulagement de la Prouince l'obligent à porter le premier quelque lumiere, il luy sembleroit que nous deuons nous faire cet effort, qui est au delà nos puissances d'offrir au Roy de doubler le taillon, suiuant les resolutions de l'assemblée des Notables: Et pour toutes les pretentions & dependances du traitté de Tharascon, & toutes autres demádes, offrir la somme de 15. cens mille liures, en deduisant deux cens quarante-deux mille liures payées sur le pied, & à tant moins des 15. cens mille liures portées par le mesme traicté fait auec Mon-

B

seigneur le Prince, & aux conditions suiuantes, qu'il plaira à sa Majesté en confirmant iceluy traicté, accorder au Pays le deschargement de l'Edict des Ellections, & establissement de tous les Officiers prejudiciables aux libertez, vz & coustumes d'icelles, nommément des Auditeurs des Comptes, Experts jurez cy-deuant suprimez, la reuocation des Letres patentes portant augmentation du taillon pardessus le double de l'ancien, cy-dessus accordé, le deschargement de toute augmentation de prix sur le sel, & diminution des mesures, le deschargement de l'entretien des galeres, payement des garnisons, & morte-payes dont la Prouince estoit menacée, la reuocation de l'augmét, surcharge, & reapretiatió de nouueau procurée sur la foraine, & de tout autre augment qui pourroit estre fait sur le blé vin, huile, denrees, & marchádises: la reuocation de l'augment fait sur le sceau, & generalement de toutes autres surcharges & nouueautez contraires aux formes, libertez, & priuileges de la Prouince ausquels elle sera entretenuë. Et neantmoins qu'il plaira à sa Majesté accorder audit Pays par ses Lettres patentes, que tout ce qui aura esté deliberé, fait & arresté par les Estats & Assemblées generales des Communautez, ne pourra point estre reuoqué, ny debatu par la Chambre des Comptes, & que les mandemens qui seront faits par Messieurs les Procureurs du Pays executans les deliberations desdites assemblées & Estats seront passez sans difficulté, auec validation des parties rayées de cette nature. Et d'autant que la Prouince se treuue chargée puis vingt mois de l'entretien des regimens du Sieur de la Tour, & de Vaillac, le Roy sera tres-humblement suplié de l'en descharger, & d'entrer en quelque consideration pour le passé. Et de mesme suite, qu'il plaira à sa Majesté auant que la Prouince puisse estre obligée au payement dudit augment de taillon, ny de ladite somme, ou d'aucune des payes d'icelle, telles qui feront accordées de faire deliurer es mains de Messieurs les Procureurs du Pays ses Letres patentes portant ratification & aprobation du present traicté & reuocation de tous Edits, Lettres patentes, augment de Foraine, & toutes autres nouueautez & surcharges cy-dessus exprimées, & à exprimer, lesquelles seront deuëment verifiées & enregistrées aux Cours Souueraines où besoin sera, à faute dequoy lesdites offres n'auront point effet.

Ce que lesdits Estats ont vnaniment deliberé.

Du 8. dudit mois de releuée.

Monsieur le President a representé, que suiuant la deliberation du iour d'hier assisté de Messieurs les Prelats, & accompagné de Messieurs les Procureurs du Pays, & de presque tous les deputez des Communautez, les offres d'augmenter le taillon du double & de donner pour tout aux conditions & qualitez de ladite deliberation quinze cens mille liures, en deduisant pour vn prealable deux cens quarante deux mille liures, payées a tant moins des quinze cens mille liures offertes aux Estats de Tharascon, Mondit Seigneur le Gouuerneur & Messieurs les Commissaires auroient protesté, que l'offre n'estoit pas selon la volonté du Roy, & qu'il falloit se resoudre d'augmenter le taillon iusques à soixante dix mille liures compris le vieux, & neantmoins porter l'offre en deniers à deux millions & cent mille liures, en deduisant lesdites deux cens quarante deux mille liures, que pour les atermoyemens, conditions & qualitez de l'offre le Roy ne refuseroit pas, estans au bien & soulagement de son peuple, si bien qu'il ne reste qu'à resoudre, s'il en faut demeurer aux offres faites, où augmenter icelles, pour faire paroistre à sa Majesté, que nostre obeïssance est plus grande que nos forces.

B 2

En suite de quoy le Sieur Viany Assesseur auroit representé, qu'ayant eu l'honneur d'acompagner Monsieur le President, il fut obligé apres la declaration faite par mondit Seigneur & Messieurs les Commissaires de respondre aux fondemens d'icelle, & faire voir la raison des offres faites par les Estats, & comme elles estoient considerables, tant en ce qui estoit de l'augment du taillon que des sommes offertes. Et premierement pour le taillon, qu'ayant l'assemblée des Notables doublé iceluy en toutes les Prouinces du Royaume, c'estoit à bien obeïr, que d'en offrir le doublement nonobstant les miseres de la Prouince, qui n'auoit pas la moitié de la force des autres. Secondement, que pour raison de la somme de quinze cens mille liures offertes en deduisant, que c'estoit tout l'effort que la Prouince pouuoit faire, que despuis trois ans elle estoit en despence de plus de quatre millions pour la nourriture des armées & gens de guerre, que le payement des regimens des sieurs de la Tour, & de Vaillac est sur nos coffres despuis vingt mois, que les meilleures communautez de la Prouince sont en de tres-grandes restes, comme le Sieur Gaillard Thresorier du Pays a soustenu, que les impositions n'ont pas esté bastantes à payer toutes nos charges, que nous auons esté contrains d'emprunter plus de cent soixante dix mille liures, & qu'il ne faut plus esperer d'en auoir qu'à foires; bref que cette Prouince estoit reduite & rangée à des extremitez si grandes, que c'estoit vrayement au delà de nos puissances que nous nous estions portez à cet offre. Ausquelles raisons & considerations en ayant adjousté beaucoup d'autres, qu'il ne doit pas redire pour n'abuser de l'honneur que luy font les Estats neatmoins lesdits Sieurs Commissaires auroient persisté en leur resolution : or d'autant qu'il se void obligé par le deuoir de sa charge de rompre le premier la glace, & qu'il ne faut plus s'attendre à de grandes moderations de la part de Messieurs les Commissaires, qui demeurent d'accord de nos souffrances, & protestent d'en auoir pitié; mais que la volonté du Roy restraint leur pouuoir; il faut souffrir ce dernier effort, & en tesmoignant que nous auons beaucoup moins de force que de bonne volonté, continuer l'offre du doublement du taillon, & augmenter l'offre de quinze cens mille liures, iusques à dixhuict cens mille liures en deduisant lesdites deux cens quarante deux mille liures payées, & ce qu'il faudra ausdits regimens des Sieurs de la Tour, & de Vaillac, iusques au premier Ianuier, dez lequel iour sa Majesté promet se charger du payement d'iceux, & le tout aux conditions des precedentes deliberations, & sans les atermoyemens qui seront accordez.

Ce que les Estats ont deliberé.

Du 9. dudit mois.

Monsieur le President à representé, qu'ayant esté porter les offres faites par les Estats, assisté & acompagné, comme dessus, Monseigneur le Gouuerneur & Messieurs les Commissaires auroient fait connoistre, que l'intention du Roy n'estoit pas de diminuer le taillon à moins de soixante dix mille liures, & l'octroy à moins de deux millions, en deduisant seulement les equipatens de l'espargne, & autres payemens qui seroient iugez dez maintenant admissibles, & que pour les gens de guerre entre-cy & le premier Ianuier ils n'en pouuoient promettre la deduction; mais qu'ils croyoient que le Roy ne refuseroit pas cette grace & beaucoup d'autres à la Prouince, si elle se portoit à luy obeïr de bon cœur, comme il sera plus particulierement declaré par Monsieur l'Assesseur.

Ledit Sieur Assesseur a representé, que nos forces sont si foibles, les miseres & desolations de cette Prouince tellement in-

B 3

fuportables, qu'il n'auoit plus de penſées, de parolles, ny des ou-
uertures à nous preſenter, puis qu'elles ne deuoient porter
qu'vn augment des offres faites par la deliberation du iour
d'hier: car de nous exhorter d'obeïr aux volontez du Roy, qui
nous ont eſté de tout temps des loix inuiolables, & d'autre
part nous faire voir les impuiſſances de la Prouince, qui ne ſont
que trop cognuës, il croiroit faire vne offenſe, & employer inu-
tilement cette ſeance deſtinée a remedier à nos maux, & non à
diſcourir ſur iceux : De ſorte que n'ayant luy le pouuoir de re-
ſtraindre, ny augmenter nos gratifications, & meſmes celles
qui regardent le meilleur de tous les Roys, qui furent iamais,
il n'auoit qu'à prier Dieu, qu'il nous inſpire en façon que nous
puiſſions proportionner nos offres à nos forces.

Surquoy les Eſtats ayant opiné, ont vnanimement accordé
l'augment du taillon à ſoixante dix mille liures, l'ancien y compris, ſuiuant la volonté du Roy. Et en ce qui eſt de la ſomme
demandée, qu'il ſera offert iuſques à ſeize cens mille liures ſans
entrer en aucune deduction, aux conditions des precedentes
deliberations, auec proteſtation que c'eſt le plus grand effort
qu'on puiſſe eſperer de la Prouince.

Dudit iour de releuée.

Monſieur le Preſident a repreſenté qu'ayant porté la reſo-
lution des Eſtats à Monſeigneur le Gouuerneur & à Meſſieurs
les Commiſſaires, il n'auoit pas eſté reçeu ſi fauorablement
comme il auoit eſperé : car apres auoir deduit, & Monſieur
l'Aſſeſſeur auec, tout ce qui ſeruoit pour faire eſtimer & receuoir les offres faites, leſdits Sieurs Commiſſaires luy auroient
dit abſolument que la volonté du Roy ſe portoit à n'accepter
pas vne offre moindre de deux millions de liures, ſur leſquelles

ils entendoient de dire cent soixante quinze mille huict cens quarante-quatre liures dix-neuf sols, payées sur les équipatens de l'espargne, & pour les autres sommes qu'ils nous assisteroient à les faire alloüer, puis qu'elles ont esté fournies par ordre, ou pour les affaires du Roy.

Surquoy les Estats pour tesmoigner qu'ils tiennent à gloire de bien obeïr, & que les volontez du Roy leur sont de loix sacrées, ont deliberé qu'il sera offert deux millions de liures à sa Majesté, en deduisant ce qui a esté payé par ordre ou pour le seruice de sa Majesté, au payement de laquelle somme de deux millions de liures, & taillon à soixante dix mille liures, sa Majesté sera tres-humblement suppliée de vouloir comprendre & obliger proportionnablement les terres Adjacentes, & autres lieux non contribuables aux charges, le tout aux conditions des precedentes deliberations, & sous tels atermoyemens que la Prouince puisse auoir le moyen de satisfaire.

Du 10. dudit mois.

Sur la proposition faite par Monsieur l'Assesseur de deputer ceux qu'il plaira aux Estats pour dresser les articles, Messieurs l'Archeuesque d'Aix, Messieurs les Euesques de Sisteron & de Sénes, Monsieur le Comte de Carces grand Seneschal, Monsieur le Marquis de Ianson, Messieurs les Procureurs du Pays, Monsieur André Scindic du tiers Estat, Messieurs de Cabanes & de Beaumont, ont esté deputez pour dresser les articles qui seront raportez aux Estats.

Dudit jour de releuée.

Monsieur l'Assesseur a representé que le deuoir de sa charge

& le zele qu'il a au bien & foulagement de la Prouince, l'oblige de declarer aux Eſtats qu'ayant eu l'honneur de conferer auec Meſſieurs de Leon & de la Poterie des articles, en conſideration deſquels les offres ont eſté faites, ils auroient formé de grandes difficultez ſur celuy qui regarde l'augmeṅt, reapreciation, & ſurtaux des droicts forains & domaniaux, & faict cognoiſtre que ſi bien cet article a de la raiſon & qu'ils ſoient aſſeurez, qu'autrement la Prouince aura de la peine de ſatisfaire à ſes offres, toutesfois ils ne le pouuoient paſſer pour n'en auoir aucun ordre : A quoy il leur auroit reparty.

Premierement, qu'à toutes les fois que nos offres auoient eſté preſentées tous les articles, & nommément celuy de l'augment de Foraine, auoient eſté reïterez & nullement contredits ; & qu'il n'eſtoit pas (ſauf correction) raiſonnable de le conteſter, apres nous auoir engagez en des offres qu'il eſt impoſſible d'executer, ſi le Roy qui eſt tout bon, n'a eſgard à nos impuiſſances. Secondement, que cet article n'eſtoit qu'vne expreſſion de ceux du Traitté de Tharaſcon, qui porte vne reuocation & dechargement general de toutes lettres Patentes, nouueautez, & ſurcharges contraires aux vz, libertez, & priuileges de cette Prouince, exprimez & à exprimer : ſi bien que cet augment & ſurtaux de la Foraine eſtant l'vne de ces nouueautez & ſurcharges, il n'y auoit rien de nouueau en cet article, & qui n'euſt eſté accordé. Tiercement, que quant il y auroit quelque choſe de nouueau, l'augment du taillon iuſques à ſoixante dix mille liures, & les cinq cens mille liures offertes pardeſſus les quinze cens du Traitté de Tharaſcon, ayant eſté faict principalement en conſideration de cette nouuelle ſurcharge, il eſtoit dans la iuſtice de nous l'accorder. Enfin qu'en cette reuocation conſiſtoient les ſeuls moyens que nous auions de ſatisfaire ſa Majeſté, & payer les grandes charges qui

nous

nous accabloient. Or quoy qu'ils ayent protesté que ces raisons touchoient le Roy, ils ont persisté à ne l'accorder point, disans n'en auoir pas l'ordre, mais qu'ils employeroient toute la creance qu'ils ont aupres du Roy pour donner ce contentement à la Prouince.

Surquoy les Estats ont deliberé, que conformement aux precedentes Deliberations, Monseigneur le Gouuerneur & Messieurs les Commissaires seront tres-humblement suppliez d'acorder cet article purement & simplement, declarant leur estre impossible autrement de satisfaire à leurs offres, desquelles dez à present ils se departent : Et pour cet effect Messieurs les Deputez ont esté chargez par lesdits Estats d'en faire toutes les instances & remonstrances necessaires.

Du 11. dudit mois de matin.

Ledit Sieur Assesseur a remonstré qu'en suite de la deliberation des Estats, ceux qui ont esté deputez de leur part ont dressé les articles qui doiuent estre presentez à Monseigneur le Gouuerneur & à Messieurs les Commissaires conformement aux resolutions prinses par lesdits Estats, ayant laissé les termes des payemēts en blanc, estant necessaire d'en faire faire lecture pour sçauoir s'ils leur sont agreables & conformes à leurs intentions, afin qu'on les puisse promptement enuoyer à Mondit Seigneur le Gouuerneur, qui n'est assemblé que pour cela auec Messieurs les Commissaires.

Surquoy lecture faite desdits articles, lesdits Estats en aduoüant & declarant estre selon leurs intentiōs & deliberations ont resolu qu'ils seront portez à Mondit-Seigneur le Gouuerneur & Messieurs les Commissaires par le Sieur de S. Martin Consul d'Aix Procureur du Pays, que lesdits Estats ont à cet

C

effect deputé, & qu'il sera adjousté ausdits articles que le payement desdites sommes sera faict en six ans de payes esgales.

Du 12. de releuée.

Monsieur l'Archeuesque d'Aix President aux Estats a representé, qu'ayant esté auec Messieurs les deputez porter les Articles, en la façon qu'ils auoient esté leus seans, à Monseigneur le Gouuerneur, & Messieurs les Commissaires, ils auroient employé tout le temps qu'il leur restoit, & toute cette matinée à conferer & contester sur les responces faites ausdits Articles, & nommément sur celles qui regardent le temps, & termes des payemens & l'augmnt de foraine : car en ce qui est du temps & terme, lesdites responces ne donnent que quatre années, & chargent la premiere d'icelles de huict cens mil liures, & ne veulent allouër pour le present que cent septante cinq mil huict cens quatorze liures dixneuf sols, payées sur les equipatents de l'espargne ; & quant aux autres sommes renuoyent les Estats à sa Maiesté. Et pour le regard de la reuocation de l'augmnt de Foraine, ne l'accordent que sous le bon plaisir du Roy, ainsi que les Estats pourront apprendre plus particulierement de la lecture des Articles, & responce sur chacun d'iceux.

Surquoy lecture faite d'iceux Articles & responce, les Estats ont vnanimemét deliberé, que pour tesmoigner vne absoluë obeïssance à sa Majesté, ladite somme de deux millions de liures sera payée dans quatre années consecutiues ; sçauoir, six cens mil liures la premiere année en deux payes, l'vne de trois cens mil liures deux mois apres la ratification des Articles verifiée ; l'autre de la mesme somme aux festes de Noel suiuantes, sur lesquelles deux payes sera desduit cent septante cinq mil huict cens quatorze liures dixneuf sols, payées sur les equipatents de l'espargne ; & que pour les autres sommes la demande sera renuoyée au Roy : & en ce qui est des quatorze cens mil liures restantes, qu'elles se payeront és trois années suiuantes à raison de quatre cens soixante six mil six cens soixante six liures treze sols 4. denier chacunes, & aux festes de la Noel. Et pour le regard de l'augment de Foraine dans la parfaite asseurance que les Estats ont en la bonté & iustice du Roy, qui ne trauaille qu'au soulagement de ses sujets, ont aduoüé la responce faite sur iceluy. Et neantmoins ont deliberé, que si sa Majesté n'auoit pas à gré d'accorder la reuocation tant dudit augment que autres choses enoncées ausdits Articles, que iceux Articles & conuentions n'auront point effect attendu la misere & impuissance de la Prouince.

Du 14. dudit mois de matin.

Ledit Sieur Viany Assesseur a remonstré qu'ayant remis à Monseigneur le Gouuerneur, & à Messieurs les Commissaires trois copies des Articles resolus par les presens Estats, ils ont endossé leurs responces à chacun d'iceux, estant necessaire de faire lire le tout, pour sçauoir s'ils seront agreables à l'assemblée, & apres estre signés par les Sieurs deputez à cet effect.

Surquoy lecture faite desdits Articles & responces, les Estats ont deliberé qu'ils seront signez par lesdits Sieurs deputez, pour estre lesdites trois copies l'vne remise à mondit Seigneur le Gouuerneur & Messieurs les Commissaires, l'autre pour l'inserer dans les Registres, & la derniere pour estre portée à la Cour par lesdits Sieurs deputez.

Les Estats ont confirmé les Reglements faicts en ceux des années 1611. 1622. & 1624. sur le faict des deputations des Vigueries : & neantmoins que les Consuls chefs de Vigueries n'auront qu'vne voix dans leurs Assemblées, & commenceront les opinions par les lieux les plus affoüagez, & appelleront ausdites Assemblées tous les lieux de leurs Vigueries pour conseruer le rang à chacun selon son tour, & que les Communautez dependantes desdites Vigueries ne pouuans aller aux Estats lors qu'elles auront esté deputées à leur tour, ne pourront subroger les Viguier, Consuls, & Greffier des chefs desdites Vigueries : & en outre que les taxes & departements des Deputez & autres, seront faicts pardeuant les Consuls, Chefs de Viguerie, priuatiuement à tout autre, sans que pour raison de leur assistance ils puissent pretendre aucuns salaires.

A esté deliberé que les despences faictes par les Communautez de la Prouince durant ces derniers mouuements du Chasteau de Beaucaire, & contenues en l'estat expedié par Messieurs les Procureurs du Pays le mois d'Octobre dernier, nonobstat les dificultez proposées, desquelles les Estats en ont dispencé lesdites Communautez par les raisons deduites, seront rembourcées sans consequence ; & a esté donné pouuoir ausdits Sieurs Procureurs du Pays d'en faire les liquidations & mandemens sur le fonds ja imposé & contenu audit estat.

Les Estats ont deliberé que les despences faictes par les Communautez de la Prouince depuis les derniers Estats iusques au 26. Nouembre 1631. seront rembourcées par le Pays, comme celles qui auront esté ja deliberées & aduoüées ausdits derniers Estats, & à ceux de 1629. le tout au taux & reglement du Pays, suiuant la liquidation qu'en sera faicte par Messieurs les Procureurs dudit Pays : comme aussi celles qui auront esté données pour aide, pour en apres veu l'estat desdites depences & autres ja deliberées par lesdits precedents Estats, y estre pourueu pour le rembourcement, par l'impofition ou autrement, ainfi que les prochains Eftats auiferont.

A efté deliberé qu'il feroit informé au nom du Pays des abus qui fe commettent par les Grenatiers du fel refufant d'ouurir les Bureaux s'ils ne font eftrennez, comme encore de ce que les Mefureurs fe font payer deux liards pour minot du mefurage.

Sur le rembourcement demandé par les Communautez de la Prouince, des faftigages fournis aux gens de guerre pour les corps de garde, des Mulets pour porter leurs hardes & bagages, & du furtaux du foin & de l'auoine dez le 26. Nouembre 1631. iufques à la fin d'Octobre dernier: les Eftats ont deliberé que lefdits faftigages feront taxez à huict fols pour compagnie, & qu'il fera admis fix mulets pour chaque compagnie, tant de cheual que de pied, & payez à raifon de deux liures le jour pour chaque pair de mulets, comprins les hommes qui les conduifoient; & pour ledit furtaux que le foin fera taxé à 25. fols le quintal, & 14. fols la panal d'auoine: Defquelles depences, & à la raifon que deffus, lefdites Communautez feront rembourcées par le Pays, liquidation faicte, pour l'eftat veu d'icelles conjoinctement auec les autres, y eftre pourueu fur ledit rembourcement par les prochains Eftats.

Les Eftats ont deliberé que les Communautez de Rians & d'Ollioules auront entrée, feance, voix, & opinion deliberatiue dans iceux, & dans les Affemblées generales des Communautez, tout de mefmes que les autres Communautez que y affiftent.

A efté deliberé que pour la recognoiffance des bons offices rendus à la Prouince par Monfeigneur le Gouuerneur durant quinze mois, & pour fon plat & don gratuit iufques à la fin de ce mois de Decembre, luy eft accordé la fomme de cent mil

C 3

liures fans tirer à confequence, & en ce qui eft de fa Compagnie d'ordonnance, qu'elle fera entretenuë pour vne année, à commencer du premier Ianuier 1633. aux mefmes formes & conditions deliberées par les Eftats de 1622. 1624. 1625. & 1628. Comme auffi luy ont accordé la fomme de quinze mil liures pour fon plat & don gratuit de ladite année 1633. Plus la fomme de neuf mil liures pour l'entretenement de fa Compagnie des gardes pour la mefme année, fuiuant les deliberations des Eftats antecedants.

Les Eftats ont deliberé qu'il fera faict articles au Roy pour fupplier tres-humblement fa Majefté d'ordonner par fes Lettres de declaration que les Procureurs des Cours Soueraines & des Sieges ne pourront eftre commis ny fe commettre aux comptes, eftimes & liquidations, à peine de nullité de procedure, defpens, dommages & interefts des parties, foit pour n'eftre de leur office, foit pour auoir le Pays rembourcé foixante mil liures pour la fuppreffion de l'Edict portant creation des Offices d'Auditeurs des Comptes & Experts iurez : & neantmoins que Meffieurs du Parlement feront fuppliez de ne fouffrir point ce defordre qui s'en va à la ruine des maifons Communes de la Prouince.

Les Eftats ont deliberé que le Pays prendra la caufe & faict en main pour les Confuls de Forcalquier, Graffe, Draguignan, & Digne, & fa Majefté tres-humblement fuppliée par vn article dans le Cayer, de ne vouloir accorder aucune creation de nouueaux Sieges dans la Prouince, ny aucun demembrement & diftraction des anciens, & au cas que le Roy en euft faict des Edicts, fa Majefté tres-humblement fuppliée de les reuoquer, le tout aux frais & defpens des parties, & fans que le Pays foit obligé en aucuns frais, & a efté concedé acte aux Confuls de Sifteron de leur dire, & de la proteftation de ceux de Tharascon & Castellanne.

Les Estats ont esleu pour Procureurs du Pays joints, pour le Clergé Messieurs les Euesques de Sisteron & de Riez. Pour la Noblesse, Messieurs de S. Cezary, Villeneufue, & d'Esclapons: Et pour le tiers Estat, les Communautez de Lorgues & d'Aups prinses à tour de roolle, & iusques à autres Estats.

Et pour assister à l'examen du compte du Sieur Gaillard Tresorier du Pays de la presente année 1632. les Estats ont prié Monsieur l'Archeuesque d'Aix premier Procureur du Pays nay, d'y assister, ou son Vicaire general, & par la pluralité des opinions le Sieur du Reuest de Brousse a esté deputé, comme aussi Messieurs les Procureurs du Pays de ladite année, le Scindic des Communautez, les Communautez de S. Remy & de Reillane prinses à tour de rolle, & les Greffiers des Estats.

Et pour assister à celuy de l'année prochaine 1633. lesdits Estats ont aussi prié mondit Sieur l'Archeuesque d'y assister où son Vicaire general, & par la pluralité des opinions le Sieur de Montpesat a esté deputé, comme aussi Messieurs les Procureurs du Pays de ladite année, le Scindic du tiers Estat, les Communautés des Mées & Antibes prinses à tour de roolle, & les Greffiers des Estats.

Qu'il sera faict article au Roy pour auoir le rembourcement des depences faictes par le Pays sur ces derniers mouuements du Chasteau de Beaucaire contre la Prouince de Languedoc.

Pour esuiter la perte d'vne grande quantité de bestail à cause des Loups, les Estats ont deliberé que de chasque Loup petit ou gros qui sera tué, en sera payé huict liures par la Viguerie où le Loup aura esté tué, & pour empescher l'abus, la marque d'icelle Viguerie sera mise sur la peau.

Sur la plainte faite tant contre les Commis de la taille

Royale & du taillon, que du Sr. Threſorier du Pays, pour les droicts d'aduertiſſemens & quitances, les Eſtats ont deliberé, qu'en ce qui eſt deſdits Commis de la taille Royale & du Taillon, Meſſieurs les Procureurs du Pays ont eſté chargez de faire iuger le procez pendant pardeuant Meſſieurs des Comptes, & pour les Commis dudit Sieur Threſorier du Pays, que les deliberations faites aux Eſtats de 1612. 1618. & 1624. feront executées ſelon leur forme & teneur; & neantmoins que leſdits Commis ſeront tenus de prendre le quint des impoſitions en douzains.

Que l'Arreſt donné puis peu par Meſſieurs des Comptes ſur le fait des peages & ſurexactiõs, ſera imprimé & mandé par toutes les Communautez, chefs de Vigueries pour le faire garder & obſeruer.

A eſté deliberé, que nonobſtant les permiſſions & pareatis obtenus par les Bohemiens, les Arreſts de la Cour ſeront executez, & à ces fins permis aux Conſuls des villes & lieux de ce pays de faire ſortir leſdits Bohemiens de leur ville, & ſi beſoin eſt, de les faire empriſonner conformément aux precedentes deliberations des Eſtats.

Les Eſtats ont deliberé que pour garder l'eſgalité, le Sieur Gaillard Threſorier du Pays fera leuer & exiger à la maniere accouſtumée, en force de la preſante deliberation, l'impoſition faite de quinze liures ſix ſols pour feu par l'Aſſemblée generalle des Communautez, tenuë le mois d'Octobre 1630. pour l'achept des armes, pour eſtre les deniers en prouenants employez à l'acquitement des charges de la Prouince, & neantmoins que les Communautez qui ont eſté ja rembourcées du fonds de ladite impoſition, rendront audit Sieur Threſorier Gaillard toutes & chaſcunes les ſommes par elles de luy receuës de cette nature, pour eſuiter la confuſion d'auec les affaires de ladite Prouince.

Sur la plainte faite des abus qui se commettent aux Greffes des hauts justiciers en la taxe des expeditions & procedures, les Estats ont deliberé que Messieurs les Procureurs du Pays feront rafraichir le reglement des Assises, & à ces fins donneront requeste à la Cour, pour le faire de nouueau publier, & de mesme suite ordonner qu'il sera affiché à toutes les maisons communes & Greffes de la Prouince.

Sur la deputation de ceux qui deuoient faire le voyage en Cour, tant pour les affaires de la Prouince deliberez aux Estats de 1628. 1631. & aux presens, desquelles doit estre dressé vn cayer. Que pour l'executiō des Articles accordez par Monseigneur le Gouuerneur & Messieurs les Cōmissaires deputez par sa Majesté, & pour ceux qui ont estez renuoyez, ayāt esté opiné par la pluralité des voix, a esté deliberé, que ladite deputation seroit faite d'vn de Messieurs du Clergé & de la Noblesse, tels que les Estats aduiseront, sans y comprendre Messieurs de Montmeyan, & Viany premier Consul & Assesseur d'Aix Procureurs du Pays, & Me. Meyronnet Greffier des Estats, qui ont esté vnanimement deputez, & procedant à la nomination des personnes du Clergé & de la Noblesse, lesdits Estats par la pluralité des opinions ont deputé Monsieur l'Euesque de Sisteron, & le Sieur de Thorenc de Grasse, qui feront le susdit voyage auec lesdits Sieurs de Montmeyan, & Viany Procureurs du Pays, & ledit M. Meyronnet Greffier.

Qu'il sera fait Article au Roy dans le cayer de la Prouince, pour suplier tres-humblement sa Majesté de reuoquer la commission expediée, pour obliger les Notaires à prendre nouuelles prouisions du grand Sceau, comme reuenant cette commission à la surcharge de la Prouince.

Qu'il sera fait aussi Article au Roy dans ledit cayer, pour suplier tres-humblement sa Majesté de reuoquer la commis-

D

sion expediée, pour obliger les Notaires & Greffiers des insinuations, & collocations apres auoir payé l'heredité de souffrir la vente de leurs Offices, ou à payer trente mil liures.

Les Estats ont confirmé le Sieur Gaillard Thresorier du Pays pour cinq années apres celles de son precedant contract expirées, aux mesmes paches & conditions y apposées, & gages à luy accordez par les derniers Estats, & dont il iouyt à present, & sous les mesmes cautions de sondit precedant contract, ayant esté donné pouuoir à Messieurs les Procureurs du Pays de luy passer le nouueau contract.

Les Estats ont aussi deputé ledit sieur Thresorier Gaillard, pour faire le voyage en Cour auec les autres Sieurs deputez, tant pour se seruir de la creance, & des habitudes qu'il y a, que pour trouuer de l'argent pour fournir aux sommes promises à sa Majesté, en cas de ratification des Articles.

A esté deliberé, que l'Article resolu par les derniers Estats tenus à Tharascon, touchant la faculté aux Communautez de faire toute sorte d'impositions, sera mis dans le Cayer de la Prouince, auquel Article sera adjousté, nonobstant les Arrests & iugemens donnez en dernier lieu,

Les Estats ont resolu que conformément à la deliberation des derniers Estats, il sera fait Article au Roy, pour suplier tres-humblement sa Majesté de faire maintenir & conseruer les habitans de la vallée de Cournillon au Vigueriat de Sisteron, en la faculté de se pouruoir du sel aux gabelles de Prouence au prix des autres habitans dudit pays, & que en tant que besoin seroit le pays se pouruoira contre l'Arrest obtenu par le Fermier, prenant la cause & fait en main pour ladite Vallée de Cournillon, ensemble pour celle de Vitrolles, qui se treuue dans le mesme interest.

Les Estats ont deliberé, que conformément aux Articles du

traicté de Tharafcon la Prouince pour purger tous injuftes reproches, demandera l'abolition au Roy des defordres & mouuemens particuliers qui auoient alteré l'éclat de cette affection, qui l'a dés toufiours renduë recommandable, & neantmoins fupliera tres-humblement fa Maiefté de n'en auoir plus de memoire, ains exercer fa clemence à l'endroit de ceux qu'y ont efté figurez coulpables.

Impofitions.

POur la folde du Sieur Preuoft de Marefchaux, Lieutenans, & Archers ont impofé vne liure cinq fols pour feu pour chacun quartier, & iufques à autres Eftats, commençant au prochain quartier de Ianuier, Feurier, & Mars de l'année 1633.

Pour payer le courant des faftigages des garnifons des villes & lieux de ce Pays qui contribuent aux charges dudit Pays, a efté impofé vingt fols pour feu, auffi pour chacun quartier, & iufques a autres Eftats, commençant audit quartier de Ianuier prochain.

Pour payer la compenfation des tailles de Mefsieurs les Officiers de l'vne & l'autre Cour a efté impofé vingt-cinq fols pour feu, exigeables au quartier d'Octobre de chacune année, & iufques à autres Eftats, commençant à celuy de ladite année 1633.

Pour payer la penfion des quatre vingt mille efcus empruntez par le Pays, & accordez au Roy par octroy extraordinaire en l'année 1622. a efté impofé quatre liure vn fol pour feu, exigeables au quartier de Ianuier de chacune année, & iufques à autres Eftats, commençant audit quartier de Ianuier de ladite année 1633.

D 2

Pour payer les deux mil cent liures destinées pour l'entretenement de l'Ordinaire en poste estably iusques à Lyon, a esté imposé trois sols six deniers pour feu pour chacun quartier, & iusques à autres Estats, commençant audit prochain quartier de Ianuier.

Et pource qui en est deub par ledit Pays pour la presente année 1632. despuis le iour du nouueau contract, sera payé des deniers des cas inopinez cy-apres imposez.

Pour les frais des procez, voyages en Cour, & dans le Pays, gages d'Officiers, frais des presens Estats, messageries, recognoissance de Monsieur le Secretaire d'Estat, & autres parties courantes, a esté imposé douze liures pour feu, exigeables, sçauoir quatre liures pour feu audit prochain quartier de Ianuier, & les huict liures restantes dans les trois derniers quartiers de ladite année 1633. également à raison de deux liures treize sols quatre deniers pour feu pour chacun.

Pour payer la somme de cent mil liures accordées à Monseigneur le Gouuerneur iusques à la fin de cette année, les Estats ont imposé 18. liures. 4. sols pour feu, exigeables dans les deux premiers quartiers de la prochaine année également à raison de neuf liures deux sols chacun, & neantmoins a esté deliberé, que l'imposition de quinze liures six sols pour feu faite par l'assemblée generale des Communautez tenue en la ville d'Aix au mois d'Octobre 1630. pour achept d'armes, sera leuée & exigée aux mesmes deux quartiers de ladite année également en vertu de la presente deliberation, & à ces fins que le Sieur Gaillard Thresorier du Pays retirera des Communautez qui ont ja receu le rembourcement de l'achept par elles fait desdites armes, ce qu'il leur en a payé par mandemens, des deniers, desquelles deux impositions ledit Sieur Thresorier Gaillard payera ladite somme de cent mil liures à mondit Seigneur dans lesdits deux quartiers, moytié chacun sur ses simples quittances.

Plus, pour payer l'entretenement de la compagnie d'ordonnance de mondit Seigneur le Gouuerneur accordé par les prochains Estats pour vne année, commençant au premier Ianuier 1633. & finissant le dernier Decembre de ladite année, a esté imposé trente six liures quatorze sols pour feu, exigeables dans les quatre quartiers de ladite année, à raison de neuf liures trois sols six deniers pour feu pour chacun.

Plus pour le payement des quinze mil liures accordées à mondit Seigneur le Gouuerneur pour son plat, & don gratuit pour ladite année 1633. a esté imposé cinq liures deux sols pour feu, exigeables dans les quatre quartiers de ladite année, à raison d'vne liure cinq sols six deniers pour feu pour chacun.

Plus, pour le payement des neuf mil liures accordées à mondit Seigneur pour sa compagnie des gardes, & pour la mesme année, a esté imposé trois liures vn sol pour feu, exigeables aussi dans lesdits quatre quartiers de ladite année, à raison de quinze sols trois deniers pour feu pour chacun.

Pour les quarante mil liures qu'il faut pour l'entier payement des compagnies d'Ordonnance & des Gardes de Monseigneur le Gouuerneur, & des regimens des Sieurs de la Tour, & de Vaillac iusques au dernier du present mois de Decembre, lesdits Estats ont deliberé, que ladite somme sera empruntée presentement par Messieurs les Procureurs du Pays à pension perpetuelle debte à iour, à la meilleure condition que se pourra, & en defaut de ce, qu'elle seroit prinse à change sur la place de Marseille, comme dessus. Et pour cet effect lesdits Estats en ont doné pouuoir ausdits Sieurs Procureurs du Pays, & d'imposer en ce cas pour le rembourcement de ladite partie, selon qu'ils le iugeront necessaire. Et le mesme aussi pour la somme de onze mil liures accordées par lesdits Estats à Messieurs de Leon & de la Poterie Commissaires deputez par sa Majesté, & à leurs Secretaires.

Les Estats pour pouuoir satisfaire au payement de deux millions de liures accordées par iceux à sa Majesté sous les conditions portées aux Articles, & pour faciliter la premiere paye qui se doit faire apres les deux mois de la ratification d'iceux, ont deliberé que ce qui sera necessaire pour ledit premier payement sera emprunté par le Pays à pension perpetuelle au denier seize, ou à meilleure condition, s'il se peut, ou à debte à iour dans les villes d'Aix, Marseille, & autres de la Prouince, Lyon, Paris, & ailleurs où besoin sera. Et pour cet effect ont donné pouuoir à Messieurs les Procureurs du Pays d'en passer toutes les obligations requises & necessaires; & où ils s'obligeroient en leurs propres & priuez noms, qu'ils en seront releuez par lesdits Estats, qui neantmoins declarent, que les constitutions de pensions demeureront franches & nettes, à ceux qui presteront les deniers, sans estre sujetes à aucune surcharge, pour quelque pretexte que ce soit. Et au cas qu'il ne se treuuast aucuns deniers à pension perpetuelle, ou à debte à iour, ont donné pouuoir ausdits Sieurs Procureurs du Pays d'imposer ladite somme necessaire pour ledit premier payement apres ladite ratification obtenuë, & en donneront aduis à toutes les Communautez, Chefs des Vigueries, afin qu'elles ayent du temps pour satisfaire promptement ausdites impositions. Et en ce qui est de la paye qui doit estre faite conformément ausdits Articles aux festes de Noel de l'année 1633. & autres payes des trois années suiuantes. Est aussi donné pouuoir ausdits Sieurs Procureurs du Pays d'imposer pour le payement d'icelles aux formes accoustumées.

ARTICLES PRESENTEZ A MONSEIGNEVR le Marquis de Vitry, premier Mareschal de France, Gouuerneur & Lieutenant general pour le Roy en Prouence, par les gens des trois Estats dudit Pays, assemblez en la Ville de Brignolles au mois de Decembre mil six cens trente-deux, en suite des Deliberations desdits Estats.

I.

LEs Gens des trois Estats du Pays de Prouence, pour obtenir la reuocation de diuers Edicts & charges extraordinaires dont ils estoient menassez, & pour lesquelles ils auoient porté leurs tres-humbles supplications & remonstrances aux pieds du Roy, auroient traitté auec Monseigneur le Prince, moyennant la somme de quinze cens mil liures, aux qualitez & conditions portées par les articles accordez aux Estats tenus à Tharascon au mois de Mars mil six cens trente vn : Et d'autant que sa Majesté n'a pas eu à gré ledit Traitté, & a persisté à l'augment du taillon iusques à cent mil liures pardessus l'ancien, & faict de grandes demandes outre lesdites quinze cens mil liures, par ses Lettres du vingt-huictiéme Octobre dernier : lesdits Estats qui font tout leur bon-heur, apres auoir cognu la volonté du Roy, de la suiure auec vne obeïssance aueugle, ont accordé l'augment du taillon iusques à soixante dix mil liures par an, comprins l'ancien, suiuant l'intention de sa Majesté, declarée par la bouche de mondit Seigneur le Gouuerneur, & de Messieurs les Commissaires : Et en ce qui est des sommes demandées en consequence dudit Traitté de Tharascon, & autres portées par lesdites Lettres, lesdits Estats offrent pour tout le contenu audit Traitté & Lettres, la somme de deux millions de liures, qui est vn effort au delà de leurs forces, dans la misere & impuissance de cette Prouince la plus desolée du Royaume, en deduisant ce qui a esté payé par les ordres du Roy, & de Nosseigneurs les Gouuerneurs, pour choses concernant le seruice de sa Majesté. Au payement de laquelle somme de deux millions de liures, & taillon à soixante dix mil liures, Sa Majesté sera tres-humblement suppliée de vouloir comprendre & obliger proportionnablement les Terres

Adjacentes, & autres Villes & lieux non contribuables aux charges du Pays : Laquelle somme de deux millions de liures, ils payeront à sa Majesté dans six années, & six payes esgales année par année, & en fin de chascune d icelles, commençant la premiere aux festes de Noël de l'année mil six cens trente-trois, & ainsi continuant : Sur laquelle premiere paye sera deduit la somme de deux cens quarante-deux mille liures, payées par ledit Pays par ordre du Roy & de Nosseigneurs les Gouuerneurs pour les affaires de sa Majesté.

RESPONCE.

Accordé moyennant ladite somme de soixante & dix mil liures pour le taillon, l'ancien y compris, payables aux formes accoustumées & par quartiers, à commencer au premier de Ianuier mil six cens trente-trois : comme aussi pour les deux millions de liures payables en quatre années consecutiues, sçauoir en la premiere six cens mil liures en deux payemens esgaux, le premier, deux mois apres la ratification des presens articles, & l'autre aux festes de Noël de la mesme année : Sur lesquels deux payemens sera deduite la somme de cent soixante quinze mille huict cens quarante-quatre liures dix-neuf sols, & autres sommes payées en vertu des mandements & quittances de l'espargne, dont ils dresseront promptement estat, qu'ils enuoyeront au Conseil : Et pour les autres parties employées pour le seruice de sa Majesté, l'vne de vingt-six mil liures, & l'autre de cinquante-trois mil liures, mise ez mains du Commis de l'extraordinaire des guerres, lesdits Estats se pouruoiront pardeuers sa Majesté. Et pour la somme de quatorze cens mil liures restante, elle sera payée ez trois années suiuantes, sçauoir en chacune d'icelles quatre cens soixante-six mille six cens soixante-six liures treize sols quatre deniers, dont le premier payement se fera à la fin de Iuin, & le second au dernier de Decembre, que l'on comptera mil six cens trente-quatre, & ainsi d'année en année iusques au parfaict payement de toute ladite somme de deux millions de liures, sauf ausdits Estats à se pouruoir pardeuers sa Majesté pour obtenir vn plus long delay, reseruans à sa Majesté de pouuoir tirer secours des Terres adjacentes, & lieux non contribuables aux charges du Pays, selon le bon plaisir de sadite Majesté, & eu esgard à ce qui est accordé par ledit Pays, & selon qu'ils ont accoustumé de contribuer en pareilles occasions qui regardent en commun ledit Pays, Terres adjacentes, & lieux non contribuables, & sans que les Procureurs du Pays puissent se mesler en aucune façon de ce qui pourroit estre faict & traitté par sa Majesté auec lesdites Terres adjacentes & lieux non contribuables pour les choses contenues au present Traiité, sauf ausdits Estats de se pouruoir, & poursuiure

leurs

leurs pretentions contre lesdites Terres adjacentes & lieux non contribuables, ainsi & pardeuant qui il appartiendra.

II.

Moyennant lequel augment du taillon & susdite somme de deux millions de liures, sa Majesté en confirmant ledit Traitté des Estats de Tharascon, accordera (s'il luy plaist) la reuocation de l'Edict des Eslections & establissement de tous les Officiers en icelle.

RESPONSE.

Accordé, satisfaisant à ce qui est contenu en l'apostille de l'article precedant.

III.

La reuocation de l'Edict de comptabilité & creation d'Offices à raison d'icelle, & generalement de tous autres Officiers prejudiciables aux libertez, vz, & coustumes de la Prouince, nommément des Auditeurs des Comptes tutellaires, Experts iurez qui cy-deuant ont esté supprimez, & qu'on vouloit à present faire reuiure.

RESPONSE.

Accordé, pour le regard des Edicts de la Comptabilité, Comptes tutelaires, Experts iurez, & creation d'Offices à raison de ladite Comptabilité, sans neantmoins que sa Majesté par la responce du present article, soit empeschée de pouuoir creer tels autres Offices qu'il luy plaira non prejudiciables aux priuileges de ladite Prouince, & dont les gages se prendront sur le fonds du Roy, & non sur le Pays, à la creation desquels nouueaux Offices les Procureurs du Pays ne pourront apporter aucun empeschement, n'estans prejudiciables comme dessus.

IV.

La reuocation des Lettres patentes portant augmentation du taillon, par-dessus les soixante dix mil liures accordées par lesdits Estats, compris l'ancien, sans qu'à l'aduenir il puisse estre augmenté pour quelque cause & occasion que ce soit.

RESPONSE.

Accordé.

V.

Le dechargement de toute augmentation de prix sur le sel, & diminution des mesures dont on menaçoit de nouueau la Prouince.

RESPONSE.

Le Roy n'y ayant point pensé, ainsi n'estant que de faux bruits, pour contenter lesdits Estats. Accordé.

E

VI.

Le dechargement de l'entretien des Galeres, payement des garnisons & mortes-payes dont la Prouince estoit aussi menassée.
RESPONSE.

La Prouince iouyra de ses anciennes exemptions & priuileges, ausquels ne sera rien innoué, ny mesme pour ce qui est contenu au present article, en satisfaisant par ladite Prouince aux charges ordinaires & accoustumées, comme elle a faict par le passé, & faict à present.

VII.

La reuocation & dechargement de la reapreciation & nouueau augment des droicts Forains & Domaniaux sur les bleds, vin, huile, & autres denrées & marchandises, & de tout autre augment qui pourroit estre faict pardessus l'ancien taux.
RESPONSE.

Accordé, soubs le bon plaisir de sa Majesté.

VIII.

La reuocation de l'augment faict sur le Seau depuis le Traicté de Tharascon. RESPONSE.

Se pouruoiront pardeuers le Roy sur le contenu du present article.

IX.

Le rembourcement de la depense des Regiments des Sieurs de la Tour & de Vaillac, depuis le vingt-troisiéme Iuin dernier que par ordre exprez de sa Majesté du premier dudit mois la Prouince a entretenus. RESPONSE.

Se pouruoiront pardeuers le Roy.

X.

Le dechargement de la depense & entretenement desdits Regiments de la Tour & de Vaillac, & de tous autres gens de guerre tant de pied que de cheual, qui pourroient estre à l'aduenir dans la Prouince. RESPONSE.

Accordé, à commencer du premier de Ianuier mil six cens trente-trois.

XI.

Le dechargement de toutes autres surcharges & nouueautez contraires aux formes, libertez, vz, coustumes, & priuileges de ladite Prouince, ausquelles elle sera entretenuë & conseruée, ainsi qu'elle a esté parcy-deuant.
RESPONSE.

Accordé, conformement à l'apostille mise sur le sixiéme article.

XII.

Qu'il plairra à sa Majesté accorder au Pays par ses Lettres patentes, que tout ce qui aura esté deliberé, faict, & arresté par lesdits Estats & Assemblées generales des Communautez, ne pourra point estre revoqué par Messieurs de la Chambre des Comptes & Cour des Aydes, & que les mandements qui seront faicts par Messieurs les Procureurs du Pays executant les Deliberations desdits Estats & Assemblées, seront passez sans difficulté sur les comptes du Tresorier dudit Pays, auec validation des radiations faictes ez articles de cette nature.

RESPONSE.

Le Roy sera tres humblement supplié du contenu au present article, pour lequel nous nous employerons de toute affection enuers sa Majesté.

XIII.

Et pour cet effect plairra à sa Majesté auant que ladite Prouince puisse estre obligée au payement dudit taillon, & de ladite somme de deux millions de liures, ou des payes d'icelles, & d'aucunes conditions portées par les presents articles, de faire deliurer ez mains desdits Sieurs Procureurs du Pays, des Lettres patentes portant ratification & approbation du present Traité & reuocation de tous lesdits Edits, Lettres patentes, augment de foraine, & autres nouueautez cy-dessus exprimées ou à exprimer, lesquelles seront deuement verifiées & enregistrées aux Cours Souueraines où besoin sera, suiuant l'adresse d'icelles : A faute dequoy lesdites conuentions & articles n'auront point effect. Faict le 14. desdits mois & an.

RESPONSE.
Accordé.

Signé, NICOLAS DE L'HOSPITAL VITRY.
BRVLART. CHARLES LE ROY, de la Poterie.
Lovys Archeuesque d'Aix, Président aux Estats.
Touss. E. de Sisteron. L. du Chaisne, E. de Senes.
Auguste, E. de Tholon. F. Louys, Euesque de Riez.
Carces. Ianson.
H. Des Rolands. S. De Raoulx, Consul de Tharascon.
P. De Corio, Consul de Forcalquier.
Montmeyan, Consul d'Aix, Procureur du Pays.
Viany, Asseseur d'Aix, Procureur du Pays.
Sainct Martin, Consul d'Aix, Procureur du Pays.
De André, Scindic du tiers Estat.
Meyronnet, Greffier des Estats.

De tout ce que dessus, en appert plus au long dans le Registre desdites Deliberations, ausquelles je Greffier desdits Estats soubs-signé me raporte. MEYRONNET.

A AIX,

Par ESTIENNE DAVID, Imprimeur du Roy, du Clergé, & de ladite Ville, heritier de Iean Tolosan.

M. DC. XXXII.

www.ingramcontent.com/pod-product-compliance
Lightning Source LLC
Chambersburg PA
CBHW060458050426
42451CB00009B/709